초등학생의 진로와 직업 탐색을 위한
잡프러포즈 시리즈 41

뮤지엄스토리텔러는 어때?

초등학생의 진로와 직업 탐색을 위한 잡프러포즈 시리즈 41

뮤지엄스토리텔러는 어때?

이은화 지음

TALK SHOW

차례

CHAPTER 01 뮤지엄스토리텔러 이은화의 프러포즈

- ☺ 뮤지엄스토리텔러 이은화의 프러포즈 … 12

CHAPTER 02 뮤지엄스토리텔러란?

- ☺ 뮤지엄스토리텔러는 무슨 일을 하나요? … 19
- ☺ 직접 체험으로 살아있는 이야기를 만들어요 … 20
- ☺ 좋은 것을 나누는 마음에서 이야기가 나와요 … 22
- ☺ 국내 최초, 대한민국 1호 뮤지엄스토리텔러 … 24

CHAPTER 03 뮤지엄스토리텔링의 세계

- ☺ 흥미로운 미술관 설립의 역사 … 29
- ☺ 기상천외한 전시를 여는 미술관 … 31
- ☺ 소장품에 얽힌 사연 … 34
- ☺ 독특한 부대시설도 이야깃거리 … 37

뮤지엄스토리텔러가 되려면

- ☺ 새로운 것에 대한 호기심이 있어야 해요 … 41
- ☺ 미술과 사귀어요 … 42
- ☺ 미술과 여행, 말하기를 좋아해야 … 44
- ☺ 미술에 관한 지식도 익혀요 … 45
- ☺ 미술 분야는 해외 경험이 있으면 유리해요 … 47
- ☺ 여러 언어와 친해지세요 … 49

뮤지엄스토리텔러 이은화를 소개합니다

- ☺ 그림 그리기에 소질이 있었던 어린 시절 … 53
- ☺ 미술작가가 되고 싶어서 미술대학으로 … 54
- ☺ 돈도 벌고, 마음의 허기도 채우기 위해 선택한 유학 … 55
- ☺ 인생의 전환점을 맞은 소더비 대학원 … 57
- ☺ 공부, 공부, 또 공부! … 59
- ☺ 한국으로 돌아와 교육자로 … 62
- ☺ 반응이 폭발적이었던 첫 뮤지엄 스토리텔링 … 63
- ☺ 매일 출근하지 않지만 직업은 여러 개 … 65
- ☺ 한 분야의 전문가가 아니라 다양한 분야의 멀티플레이어로 … 67
- ☺ 끊임없이 새로운 분야에 도전하고 싶어요 … 69

CHAPTER 06 10문 10답

- ☺ 미술관과 박물관은 어떻게 다른가요? … 75
- ☺ 미술 전시를 잘 관람하는 방법이 있나요? … 76
- ☺ 이야기를 잘 만드는 방법은 무엇인가요? … 77
- ☺ 현재에도 미술관이 많이 생기나요? … 79
- ☺ 뮤지엄스토리텔러의 수요가 많은가요? … 82
- ☺ 스토리텔링의 노하우가 있나요? … 84
- ☺ 한 미술관을 여러 번 방문해야 하는 이유가 있나요? … 86
- ☺ 수입은 얼마나 되나요? … 87
- ☺ 뮤지엄스토리텔러의 미래를 어떻게 예상하세요? … 88
- ☺ 새로운 분야를 개척하려면 어떻게 해야 할까요? … 90

CHAPTER 07 나도 뮤지엄스토리텔러

- ☺ 나도 뮤지엄스토리텔러 … 94

CHAPTER 08 뮤지엄스토리텔러의 스토리텔링 1

- ☺ 유럽의 숨은 진주, 홈브로이히 박물관 섬 Museum Insel Hombroich … 102

뮤지엄스토리텔러의 스토리텔링 2

- ☺ 그림, 건축이 되다: 양주시립 장욱진 미술관, 경기도 양주 … 111
- ☺ 도심 속 문화 오아시스: 성곡미술관, 서울 … 114
- ☺ 예술과 자연, 건축의 완벽한 조화: 뮤지엄 산, 강원도 원주 … 116
- ☺ 물, 바람, 돌. 미술관이 되다: 수.풍.석(水.風.石) 뮤지엄, 제주 … 119
- ☺ 그림을 닮은 미술관: 전혁림 미술관, 경상남도 통영 … 121
- ☺ 뮤제오그래피의 실현: 이응노 미술관, 대전 … 123
- ☺ 무등산 자락의 그림 같은 집: 의재 미술관, 전라남도 광주 … 126

CHAPTER. 01

뮤지엄스토리텔러 이은화의

프러포즈

뮤지엄스토리텔러 이은화의 프러포즈

안녕하세요. 대한민국 최초이자 최고의 뮤지엄스토리텔러, 이은화입니다. 제 직업이 낯설게 느껴지나요? 뮤지엄스토리텔러는 미술관과 박물관을 소개하는 이야기꾼입니다.

저는 미술관이나 박물관에 가는 걸 무척 좋아해요. 뮤지엄에서 전시도 보지만 자료를 찾고 강의도 하고 콘서트, 패션쇼 등 다양한 문화생활을 즐겨요. 그리고 속상한 일이 있을 때는 미술관 벽에 걸린 그림들을 보며 위로를 받기도 하죠. 뮤지엄은 제게 일터이자 놀이터이고, 도서관이자 치유의 장소입니다. 뮤지엄을 좋아하는 것에 그치지 않고 꾸준히 공부하고 깊이 파고 들어갔더니 취미가 어느새 직업이 되었어요.

21세기는 문화경쟁 시대라고 해요. 뮤지엄은 한 국가의 문화 수준을 비춰주는 맑은 거울이고요. 그래서일까요? 최근 전 세계의 많은 나라들이 앞다투어 새 뮤지엄 건립에 노력을 쏟고 있어요. 우리나라도 이미 천 개가 넘는 뮤지엄이 있지만 새로운 뮤지엄이 계속 생겨나고 있어요. 해서 뮤지엄스토리텔러가 많이 필요한 시대가 곧 올 겁니다.

뮤지엄스토리텔러는 그 누구보다 먼저 뮤지엄을 체험하고 속속들이 공부해요. 그 경험에 스토리를 엮어 사람들에게 신명 나게 알려주는 이야기꾼이죠. 미술관이나 박물관, 그리고 여행을 좋아한다면 꼭 한번 도전해 보세요. 자신의 지식과 정보, 경험을 다른 사람과 나누는 기쁨은 돈을 많이 벌어 부자가 되는 것보다 훨씬 더 크고 깊은 행복감을 줍니다.

뮤지엄스토리텔러가 아니어도 좋아요. 마음의 소리에 귀를 기울이세요. 좋아하는 일, 관심 가는 일을 찾아 머리가 아닌 몸과 열정으로 도전하고 경험하세요. 단, 어떤 일을 하든 전문적인 공부, 치열한 노력, 어려움이 있어도 포기하지 않는 끈기를 갖기로 약속해요. 일과 놀이, 공부가 일치하는 특별하고 행복한 직업이 푸른 미래의 어딘가에서 여러분을 기다리고 있을 거예요.

- 대한민국 1호 뮤지엄스토리텔러 이은화

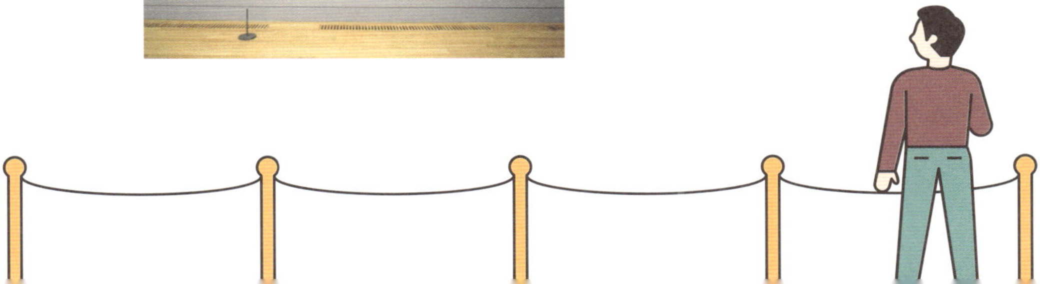

CHAPTER. 02

뮤지엄스토리텔러란?

2장에서는?

여러분은 뮤지엄스토리텔러를 본 적이 있나요? 이 직업은 이은화 선생님이 만든 새로운 직업이에요. 뮤지엄의 스토리는 무엇이고, 뮤지엄스토리텔러는 어떤 일을 하는 사람인지 알아보아요.

뮤지엄스토리텔러는 무슨 일을 하나요?

뮤지엄 스토리, 말 그대로 미술관의 이야기를 꺼내서 펼쳐놓는 사람이 뮤지엄스토리텔러예요. 미술관의 이야기는 정말 많아요. 기본적으로 미술관의 역사가 있어요. 설립 배경부터 운영 방식, 작가와 전시의 역사, 미술관 건축 이야기 등. 이런 다양한 이야기들이 모두 뮤지엄 스토리예요. 특히 새로운 시도를 통해 이전과 구분되는 전시로 사람들의 관심을 끈 사건들도 뮤지엄의 중요한 스토리가 되죠.

미술관에서 소장하고 있는 작품, 그 작품의 작가도 다 뮤지엄 스토리예요. 특히 유명 미술관의 소장품 중에는 미술사적으로 중요한 작가의 작품들이 많아요. 작가와 작품 모두 이야기의 소재가 돼요.

그런데 실제로 미술관에 가보지 않고 전시 정보만 수집해서는 풍성한 이야기를 만들지 못해요. 직접 보고 경험해야 제대로 된 이야기를 할 수 있죠. 가능하다면 한 번이 아니라 여러 번 방문하면 더 좋고요.

직접 체험으로 살아있는 이야기를 만들어요

미술관에 관한 강의를 하면서 미술관 카페에서 사용하는 찻잔이나, 심지어 화장실 이야기를 할 때도 있어요. 어떤 미술관 카페는 수십만 원짜리 본차이나 도자기만 사용하고, 또 어떤 미술관의 화장실은 그 자체가 하나의 예술 작품 같은 곳이 있거든요. 이런 사실은 직접 보지 않으면 알 수 없는 정보들이에요. 책이나 인터넷을 통해 얻을 수 있는 미술관 정보는 한계가 있어요. 잘 찍은 사진 속의 미술관 모습, 전시나 대표 소장품에 관한 간략한 정보가 거의 전부죠. 그 정보만 가지고 스토리텔링을 한다면 부족해요. 그건 죽어있는 이야기죠.

저는 살아있는 이야기를 하고 싶어서 미술관에 직접 가봐요. 미술관 구석구석을 둘러보고 전시된 작품들을 체험하죠. 어떤 미술관은 여러 번 방문하고, 또 계절을 달리해서 가봐요. 한 전시만 보는 게 아니라 여러 전시를 봐야 미술관을 제대로 체험하는 거예요. 그래야 스토리를 제대로 잡아낼 수 있어요.

힘들지 않냐고요? 근데 이게 다 좋아서 하는 일이에요. 좋아하는 사람의 안부가 궁금하듯 저는 관심 있는 미술관의 안부가 늘 궁금해요. 현재 어떤 전시가 열리는지 어떤 색다른 이벤트가 열리는지 항상 궁금해요. 그 궁금증을 해결하기 위해 미술관을 찾고. 궁금증을 해결하는 과정에서 스토리가 만들어지죠.

좋은 것을 나누는 마음에서 이야기가 나와요

어디 놀러 갔는데 너무 재미있었다면 친구들에게 꼭 가보라고 추천하잖아요. 저에게 미술관이 그런 곳이에요. 가본 곳들이 너무 좋으니까 다른 사람들에게도 가보라고 하고, 제가 경험한 것들을 나누고 싶어요. 미술관은 아는 만큼 보이는 곳이고, 보이는 만큼 즐길 수 있는 곳이에요. 알고 가면 소장품도 달리 보이고, 커피가 맛있는 미술관 카페에선 전시 관람 후 커피도 한 잔 할 수 있는 거고, 또 조각공원이 예쁜 데는 조각공원도 들리게 되죠. 외국의 어떤 미술관은 관람객에게 카페에서 무료 식사까지 제공하는 곳이 있어요. 그런 곳은 미술관 관람 후 카페 방문이 필수인 거죠. 모르면 그냥 지나치는 거고요. 알고 가면 그곳에 대해 잘 모르고 찾아오는 사람들보다 나만의 새로운 경험을 더 만들 수 있을뿐더러 아는 만큼 더 챙기게 되죠.

20년 넘게 미술관 강의를 하고 있는데 수년째 듣고 있는 사람들이 있어요. 제 이야기를 듣고 유럽 여행을 몇 번씩 다녀온 사람도 있죠. 그분

세화미술관에서 관객들에게 작품 설명 중인 이은화 작가

들은 제 강의를 통해 미술관을 간접 체험한 후, 직접 체험을 하기로 결심한 거예요. 인터넷에 있는 정보가 아니라 경험에서 생생하게 우러나오는 이야기를 듣고 자기만의 새로운 경험을 만들고 싶어 떠난 거죠. 그렇게 미술관 여행을 다녀온 분들과는 저의 경험을 일방적으로 전달하는 게 아니라 서로의 경험을 공유하는 공감의 대화가 가능해요. 경험을 전달하고 함께 공유하고 친구가 되어 가는 거죠.

국내 최초, 대한민국 1호
뮤지엄스토리텔러

　인터넷에서 뮤지엄스토리텔러를 검색하면 저밖에 안 나올 거예요. 미술을 이야기하는 아트스토리텔러라는 직업은 여러 명 있어요. 미술평론가들도 자신의 직업을 아트스토리텔러라고 하더라고요. 사실 미술사 전문가들은 모두 아트스토리텔러가 될 수 있어요.

　그런데 뮤지엄스토리텔러를 하기는 쉽지 않아요. 왜냐하면 시간과 비용이 많이 들어가거든요. 저처럼 하나의 미술관에 관해 거의 모든 것을 이야기할 수 있으려면 한 번의 방문으로는 안 돼요. 여러 번 가봐야 해요. 시간 여유가 있고, 충분한 비용이 있어야 가능한 일이죠.

　지금까지 저는 미술작가, 평론가, 독립큐레이터, 대학 강사 등 비교적 시간을 자유롭게 쓸 수 있는 일을 하며 살았어요. 해서 미술관 다니는 게 취미이자 직업인 거죠. 그리고 이 점도 아셔야 해요. 뮤지엄스토리텔러는 제가 창조한 직업이라는 것. 그래서 저밖에 없는 거예요.

반포구립도서관에서의 길 위의 인문학 강의

수원시립미술관에서의 도슨트 양성 강의

3장에서는?

미술관에 관한 모든 이야기가 곧 스토리텔링의 소재가 돼요. 미술관 설립의 역사, 소장품에 얽힌 사연, 특별한 전시회, 독특한 건축, 미술관의 부대시설, 행사, 카페, 도서관, 직원들까지도요. 미술관에서 보고, 듣고, 경험한 모든 것이 스토리텔링의 대상이죠. 여기서는 몇 가지만 소개할게요.

흥미로운 미술관 설립의 역사

돈과 땅, 소장품이 있다고 미술관을 다 지을 수 있는 건 아니에요. 운영비용도 만만치 않거든요. 유럽의 경우 미술관을 짓는 데 30년이 걸리기도 하고 지역주민들과 협의가 되지 않아 무기한 연기되는 곳도 있어요. 또 시립미술관 하나를 짓기 위해 모두 자기 일처럼 앞장서서 함께하는 경우도 있죠. 미술관을 지을까 말까 주민 투표도 하고, 의회에서 투표하는 경우도 있어요. 또한 개인이 기부하고 기증해서 설립된 국공립 미술관도 많죠. 이렇게 미술관 설립 과정이 감동적인 곳이 있는데, 그 중에 하나를 소개할게요.

네덜란드에 있는 크뢸러 뮐러 미술관Kröller-Müller Museum은 국립미술관이에요. 헬렌 크뢸러 뮐러와 그녀의 남편 안톤 크뢸러는 2,000여 점의 소장품을 가지고 있었는데 그중에 반 고흐의 작품만 272점이에요. 그뿐만 아니라 세잔, 모네, 쉬라 등 유명한 작가들의 굉장한 작품들도 가지고 있었죠. 모두 개인 소장품이니까 이들 부부는 자신들만의 개인 미술관을 짓던가, 작품을 시장에 내놓던가, 자식들에게 물려줄 수도 있었겠죠. 그런데 국립미술관 설립을 위해 국가에 전부 기증했어요. 소장품 뿐만 아니라 미술관을 지을 땅도 함께요. 대신에 국가는 건물을 짓고 운영을 맡아서 하는 조건이었어요. 네덜란드 정부 입장에서는 엄청난 소장품과 땅까지 그저 생겼으니 이들 부부가 얼마나 고마웠겠어요. 해서 국립미술관인데도 최초 설립자의 이름을 따서 크뢸러 뮐러 미술관이라고 이름 지은 거예요. 유럽의 국공립미술관들은 이렇게 개인의 기부에서 시작된 경우가 참 많아요. 부러운 이야기죠.

우리나라는 그와는 반대로 사립미술관의 스토리가 감동적인 경우가 많아요. 우리 문화재를 지키기 위해 애쓰신 간송 전형필 선생이 세운 간송미술관이나 사진작가 김영갑 선생이 루게릭병으로 죽어가면서도 생명과 맞바꾸어 지은 제주의 김영갑갤러리 두모악 같은 경우죠. 유럽에 비해 뮤지엄의 역사가 짧은 만큼 더 감동적이고 아름다운 뮤지엄 스토리는 이제부터 만들어가야 한다고 봐요.

기상천외한 전시를 여는 미술관

　미술관은 소장품이 중요하지만, 어떤 미술관은 소장품보다도 기획전으로 더 주목 받는 곳도 있어요. 상식을 뛰어넘는 기상천외한 전시를 열어 화제가 되곤 해요. 그중 하나가 베를린의 함부르거 반호프Hamburger Bahnhof 현대미술관이에요. 2010년 카스텐 휠러Carsten Höller라는 작가의 개인전이 이곳에서 열렸어요. 순록 열두 마리와 카나리아 새 스물네 마리를 풀어놓고 미술관을 동물원으로 만든 전시였죠. 우리는 미술관에 가면 미술작품들이 있으리라고 생각하는데 그걸 깨는 거예요. 순록들이 돌아다니고 카나리아 새들이 날아다니는 동물원 같은 낯선 환경을 미술관 안에 만들었어요.

　게다가 높은 계단 위에 더블 침대를 놓아두고 실제로 관람객들이 숙박을 할 수 있게 했어요. 우리는 상식적으로 미술관에서 잠을 잔다는 생각을 못 하잖아요. 카나리아 새들, 순록들과 함께 하룻밤을 보낼 기회가 바로 작품이었어요. 더 놀라운 건, 하루 숙박비용이 우리나라 돈으로

150만 원이었는데 전시 기간 내내 다 팔렸어요. 미술관에서 잠을 자는 경험은 아무나 할 수 있는 것도 아니고, 돈이 있다고 할 수 있는 것도 아니죠. 이 전시 말고는 못하니까 사람들은 특별한 경험을 위해 기꺼이 돈을 냈어요.

저 역시 특별한 전시의 스토리텔링을 하기 위해 기꺼이 시간과 비용을 들이는 편이에요. 2015년 여름에는 전시 하나 때문에 일부러 독일 뒤셀도르프까지 갔어요. K21이라는 미술관에서 열린 토마스 사라세노^{Tomás Saraceno}의 <궤도에서>라는 전시를 '경험'하기 위해서였죠. 이곳은 유리로 된 돔 천장 아래에 하얀색 그물을 설치해서 사람들이 그 위를 걸어 다닐 수 있게 했어요. 그물 밑은 뻥 뚫려 있어 20미터 높이의 아래가 다 보여요.

그래서 공포심 때문에 처음에는 제대로 걷지도 못하고 넘어지기 일쑤였죠. 하지만 조금 익숙해지고 요령도 생기니까 제가 마치 우주인처럼 우주 상공을 유유히 떠다니는 것 같은 신비한 체험을 했죠. 두 번 다시 오지 않을 기회일 거라는 생각 때문에 독일까지 갔던 거고 지금 생각해도 참 잘한 것 같아요. 비용은 좀 들었지만 우주여행보다는 유럽여행이 싸잖아요.

K21에서

소장품에 얽힌 사연

　미술관의 소장품들도 스토리텔링의 중요한 소재예요. 어떤 소장품의 경우는 굉장한 사연을 가지고 있어요. 보통 '모마ᴹᴼᴹᴬ'라고 부르는 뉴욕 현대미술관을 예로 들어볼게요. 이곳 대표 소장품 중에 앤디 워홀의 <캠벨 수프 캔>이라는 유명한 작품이 있어요. 슈퍼마켓에서 파는 캠벨 수프 캔을 그린 32점의 작은 그림들이에요.

　이 작품이 모마로 가게 된 스토리가 있어요. 1960년대 초 상업미술가에서 순수미술가로 전향한 앤디 워홀은 모마에 작품 기증 뜻을 여러 번 밝혔지만 매번 거절당했어요. 상업미술은 취급하지 않는다며 앤디 워홀을 무시한 거죠. 모마뿐 아니라 당시 누구도 그의 작품성을 알아보지 못했어요. 앤디 워홀이 1962년 첫 개인전 때 선보였던 <캠벨 수프 캔>은 판매에 실패했고, 결국 당시 갤러리를 운영하던 어빙 블룸이란 화상이 싼값에 사줘요. 그런데 앤디 워홀이 성공한 후 이 작품을 일본의 한 고객이 1,600만 달러에 사겠다고 했어요. 그때가 1985년이었어요. 하지만 어빙 블룸은 팔지 않아요. 그리고 때를 기다렸죠. 결국 1995년에 누가 산 줄 아세요? 바로 앤디 워홀 작품을 거절했던 뉴욕 모마였어요. 1,450만 달러, 우리 돈으로 약 153억 원이란 엄청난 가격에 말이에요. 물론 일본 고객이 제시했던 가격보다 싸게 판매했지만, 어빙 블룸은 이 작품이 해외가 아닌 뉴욕 모마에 있어야 한다고 판단했던 거죠. 모마 입장에서는 '작가가 작품을 기증한다고 했을 때 받을 걸' 하고 엄청나게 후회했을 거예요.

반대로 모마의 뛰어난 안목 덕분에 소중한 작품을 소장한 일도 있어요. 모마의 초대 관장이었던 알프레드 바 Alfred Barr는 피카소의 <아비뇽의 아가씨들>을 소장하기 위해 당시 미술관에 있던 인상파 작품들을 여럿 처분했다고 해요. 보통 미술관들은 작품을 구입만 하지 상업 화랑들처럼 샀던 걸 판매하지는 않아요. 그런데 이 작품은 피카소의 입체파 화풍을 대변하는 미술사적으로 너무 중요한 작품이거든요. 모마 관장은 그걸 미리 알아봤던 거죠. 여러 작품의 희생을 감수하고서라도 중요한 이 작품을 손에 넣은 건데, 잘 판단한 거예요.

독특한 부대시설도 이야깃거리

미술관의 세세한 모든 것에 관심을 가져야 이야깃거리도 풍성해져요. 어떤 미술관들은 화장실도 굉장히 독특해요. 몇 해 전에 가본 어떤 미술관은 화장실 세면대의 비누도 작가의 작품이더라고요. 비누는 쓰면 닳아 없어지는데 그 자체가 작품의 콘셉트였어요. 작가의 작품을 관람객이 사용하는 거죠.

강원도에 있는 어떤 미술관은 내부에 항아리 모양의 대형 조형물을 설치해 놓았는데, 표면은 은색으로 반짝반짝해 아주 예뻤어요. 이게 뭐냐고 관장님께 물어봤더니 남자 한 사람만 들어갈 수 있는 공간이라는 거예요. 그래서 남편이 들어갔는데 남자 화장실이었어요. 항아리를 닮은 예술 작품 속에 들어가 배설이라는 일상의 경험을 하게끔 의도한 거죠. 이렇게 예술가들은 엉뚱해요. 화장실 하나를 만들어도 굉장히 독특하게 만들어요. 이런 재밌는 발상들이 모여있는 곳이 미술관이에요.

4장에서는?

미술과 건축, 역사와 작가, 자연과 작품, 미술과 여행 등등. 여러 분야를 두루 경험한 후에 다양하고 독특한 이야기로 뮤지엄에 관한 스토리를 만드는 뮤지엄스토리텔러. 어떻게 하면 뮤지엄스토리텔러가 될 수 있을지 알아보아요.

새로운 것에 대한
호기심이 있어야 해요

새로운 것을 배우고 싶은 열정과 호기심은 기본이에요. 어떤 공간이나 현상을 그냥 지나치면 안 돼요. 그리고 이 세상에 어떤 것도 멈춰 있는 건 없어요. 다 변화하죠. 그 변화를 알아볼 수 있는 눈이 필요해요. 민감함과 호기심을 스스로 키워야 해요.

저 역시 호기심도 많고 변화에 민감해요. 사람들은 카페에 가면 커피만 마시고 나오지만 저는 커피 한 잔을 마시면서도 공간 인테리어부터 커피 기계나 컵의 종류를 살펴보고, 화장실은 어떻게 꾸몄는지, 조명은 뭘 썼는지 등 하나하나 살피면서 커피를 마셔요. 카페 메뉴판 디자인만 봐도 그 카페의 수준이 다 보여요.

다양한 것에 관심이 많은 거죠. 저는 저와 관련 있는 것만 보지 않고 주변의 변화나 사소한 것들에 늘 관심을 가져요. 미술작가여서 그럴 수도 있지만 호기심이 많은 기질적인 부분이 더 큰 것 같아요.

미술과 사귀어요

저는 사람들에게 미술이 당신의 삶을 또 다른 길로 이끌어 줄지도 모른다고 이야기해요. 미술은 사람하고 달라요. 사람은 실망하고 배신할 수 있지만 미술은 안 그래요. 사귀면 사귈수록 믿음이 가고, 마음을 달래주고, 행복을 주죠. 사람은 때로 마음이 텅 빈 것처럼 외로움을 느끼기도 해요. 이럴 때 내 마음을 무엇으로 채우는 게 좋을까요? 저는 미술과 사귀라고 권해요. 사람이 채워줄 수 없는 영혼의 허기를 미술이 채워줄 수도 있거든요.

미술은 인간의 마음을 향한 선물이라고 생각해요. 그래서 저는 미술관에 가는 날이면 기분이 좋아져요. 막 설레기도 하고요. 미술관은 가족 나들이, 친구들과의 만남, 데이트 장소로도 좋아요. 좋은 사람 만나 같이 전시도 보고 추억도 쌓고 차도 한잔 마시고. 그렇게 시간을 보내면 좋을 것 같아요. 그렇게 보낸 하루는 분명 오래오래 기억에 남을 거예요.

뭉크 미술관

크뢸러 뮐러 미술관 전시실

미술과 여행, 말하기를 좋아해야

　미술 감상을 좋아하고, 여행을 좋아하고, 말하기를 좋아하는 사람이 이 직업에 어울릴 것 같아요. 또 내가 알고 있는 지식과 정보를 다른 사람과 공유하는 걸 좋아해야 하고요. 사실 정보를 독점하고 싶어하는 사람도 있거든요. 그런 사람은 이 직업을 선택하면 안 돼요. 저는 새로운 지식과 정보가 있으면 사람들과 나누고 싶어서 안달이 나요. 지금의 시대는 정보와 지식을 계속 나눠야 서로 발전할 수 있어요.

　미술과 여행은 좋아하는데 말하기를 좋아하지 않는다면 글쓰기를 하면 돼요. 파워블로거들을 만나보면 수줍어서 말도 잘 안 하는 사람들이 의외로 많아요. 글로 사람들의 마음을 사로잡는 거죠. 글쓰기를 잘하면 온라인에서 강점을 키우세요. 남들 앞에서 말하는 게 어렵다면 블로그나 페이스북 등 글을 통해 독자와 소통할 채널을 가지면 돼요. 책이나 칼럼을 써도 좋고요. 글을 통해서도 멋진 스토리텔러가 될 수 있어요.

미술에 관한 지식도 익혀요

　미술에 관한 지식을 익히기 위해 꼭 미술대학에 진학할 필요는 없어요. 전공을 하면 유리한 점이 있는 건 사실이지만 필수는 아니에요. 미술은 다른 장르의 예술 분야에 비해 접근이 쉬운 편이에요. 음악, 무용, 발레 등은 어릴 때부터 배우지 않으면 그 벽을 넘기 힘들어요. 나이 들어서 아무리 노력해도 잘 안 되는 게 있어요. 그런데 미술은 이론이든 실기든 늦게 배워도 상관없어요. 나이 들어서도 할 수 있는 게 미술이고, 책을 통해서도 지식을 쌓을 수 있어요.

　미술 분야의 파워블로거들 중에는 미술 전공자가 아닌 사람들이 더 많아요. 미술을 좋아해서 관련 책을 읽고, 정보를 끊임없이 찾고, 작품들을 찾아다니면서 감상하면 누구나 안목이 생겨요.

　그래서 먼저 할 일은 미술과 친해지는 거예요. 미술작품과 친해지는 건 친구와 친해지는 것과 같아요. 사람을 처음 만나면 낯설어서 서로 어

덴마크 국립 미술관

색하죠. 말 건네기 쉽지 않아요. 그런데 계속 만나 대화를 자주 나누다 보면 서로를 더 잘 알게 되고 결국 속마음까지 알게 되는 가까운 사이가 되잖아요. 미술작품도 마찬가지예요. 자주 만나다 보면 사람처럼 친해지고 궁금증도 생기게 돼요. 질문이 생기면 작품에 대한 정보도 찾고, 작가에 대해 검색하고, 다시 감상하러 가고. 그런 것들이 축적되면 그 분야의 전문가가 되는 거예요. 전문가가 별건가요. 특정 작가, 특정 작품에 대해서 누구보다 잘 알고 있으면 전문가인 거죠.

해외 경험이 있으면 유리해요

미술작품은 직접 보고 경험하지 않으면 마음으로 깊이 이해하는 데 한계가 있어요. 그런데 대다수의 유명한 미술작품은 외국에 있잖아요. 자신의 눈으로 직접 미술작품을 보기 위해서는 외국에 나가야 하죠. 미술 공부를 외국에서 하는 것도 좋고, 여행을 많이 다니는 것도 좋고, 워킹홀리데이를 활용해도 좋아요. 미술은 세계적인 분야예요. 국경이 없죠. 국내 작가만 알고 해외 작가를 모르면 안 돼요. 그러니까 어떤 기회를 통하든 외국에 나가 시각도 넓히고 좋은 미술품도 많이 보고 오는 게 좋아요.

제가 2005년에 『21세기 유럽 현대미술관 기행』이라는 책을 냈어요. 유럽에 살면서 직접 가서 본 미술관과 미술작품에 관한 이야기를 썼는데, 독자들의 반응이 꽤 좋았어요. 어렵게 느껴지는 현대미술의 비하인드 스토리도 그 안에 많이 있었고, 뉴스나 잡지에서 볼 수 없는 생생함을 경험할 수 있었기 때문이었던 것 같아요. 당시만 해도 현대미술과 현대미술관을 집중적으로 소개한 책이 국내엔 없었어요. 그래서 알았죠. 해외의 새로운 미술이나 미술관 정보에 목말라하는 독자들이 생각보다 많다는 것을요.

만약 제가 유럽에서 살지 않았다면 유럽 현대미술관을 소개한 책도 내기 힘들었을 거예요. 미술을 전공하겠다는 학생들, 또는 뮤지엄스토리텔러가 되고 싶은 학생들에게 "단 몇 달이라도 좋으니 외국에 나가서 직접 보고 경험하고 오라"고 말하고 싶어요. 제가 말하는 여행은 관광하는 것처럼 유명한 미술관 여러 곳을 둘러보는 게 아니에요. 요즘엔 한 달 동안 살아보기 같은 체류형 여행을 많이 해요. 잠시나마 현지인들처럼 살면서 시장도 가보고, 골목길도 가보고, 현지 사람들과 일상을 함께 하는 거예요. 그리고 현지인처럼 미술관을 가보는 거죠. 평일에도 가고, 휴일에도 가고. 그렇게 하면 보통의 여행자들이 발견하지 못하는 나만의 콘텐츠를 만들 수 있어요. 더불어 나를 다시 발견하는 귀중한 시간이 될 수도 있고요.

여러 언어와 친해지세요

다양한 언어를 구사할 수 있으면 할 수 있는 일이 많아져요. 저는 독일어, 영어와 친숙한 덕에 이탈리아어나 프랑스어, 네덜란드어를 접해도 그렇게 당황하지 않아요. 유럽 언어 한 가지를 제대로 구사할 수 있으면 유럽의 다른 나라 언어들도 편하게 여겨지더라고요.

독일과 네덜란드의 자연 속 미술관들을 소개한 『자연미술관을 걷다』를 쓸 때였어요. 직접 다녀온 미술관들이었지만 더 자세한 내용과 정보를 찾으려 하니 자료가 너무 없는 거예요. 특히 네덜란드 미술관 자료를 찾는 데 시간이 오래 걸렸죠. 그래서 정보를 찾기 위해 지역 신문도 뒤져보고 기자들의 블로그도 찾아봤죠. 다행히 네덜란드어는 독일어와 비슷한 부분이 많아요. 구글 번역기를 통해 독일어로 번역해 정보를 찾았어요. 마찬가지로 라틴어권의 유럽 언어들은 영어로 전환하면 거의 매끄럽게 번역이 돼요. 여러 언어를 익히면 이렇게 모르는 언어의 자료를 찾는 것도 두렵지 않아요.

5장에서는?

그림 그리기를 좋아했던 아이가 자라 대한민국 최초의 뮤지엄스토리텔러가 되었어요. 어떤 마음으로, 어떤 과정으로 이은화 선생님은 누구도 가보지 않은 길, 새로운 일을 개척했을까요? 지금부터 그 이야기를 들어보아요.

그림 그리기에 소질이 있었던 어린 시절

저는 부산에서 나고 자랐어요. 아버지는 고등학교 선생님이셨고, 어머니는 사업을 하셔서 아주 바쁘셨어요. 형제는 많았지만 늘 혼자서 그림을 그리고 놀았어요. 그림 그리기를 좋아했지만 미술학원은 안 다녀봤어요. 대신에 미술을 하지 말라는 이야기를 귀에 못이 박히도록 들었죠.

글쓰기도 좋아하고 잘했던 것 같아요. 아버지도 제가 초등학교 때 썼던 시나 글을 아직도 기억하세요. 시조도 썼어요. 그렇다고 책 읽는 걸 크게 좋아하지는 않았어요. 집에 어린이책은 별로 없었고, 아버지가 좋아하는 『무소유』 같은 불교 관련 서적이 많았거든요. 대신 늘 책을 가까이하는 아버지의 모습을 보며 자랐어요.

미술작가가 되고 싶어서
미술대학으로

　제가 미술대학에 가고 싶다고 했을 때 부모님이 반대하셨어요. 미대 가면 큰일 나는 줄 아시더라고요. 큰 언니가 오보에를 전공해서 돈이 많이 드니까 밑에 세 명은 절대 예술 쪽으로는 안 된다고 하셨죠. 그래서 입시 미술학원에 다니지 못하다가 대입을 코앞에 두고 6개월 정도 본격적으로 다녔어요. 그리고 대학에선 서양화를 전공했죠.

　그런데 미술학원을 오래 다니지 않은 게 오히려 더 좋았던 것 같아요. 유럽으로 유학을 갔을 때 그곳 시스템에 빨리 적응할 수 있었거든요. 한국에서 어렸을 때부터 미술학원에 다니며 예중, 예고 나와서 미대, 대학원까지 공부한 사람들은 외국에 유학 가면 힘들어 해요. 주입식으로 배우는 것과는 완전히 다른 시스템이라서 한국에서 배운 습성을 버리는 데 시간이 오래 걸려요. 우리나라 주입식 교육의 폐해죠.

돈도 벌고, 마음의 허기도 채우기 위해 선택한 유학

저는 원래 그림을 그리는 작가가 되고 싶었어요. 그래서 미대에 갔던 거고요. 제가 그림 전공할 때는 그림 그려서 먹고산다는 건 상상할 수 없는 일이었어요. 미술시장도 제대로 형성되지 않았던 시기였어요. 지금도 어려운 일인 건 마찬가지고요. 작가가 되고 싶은데 먹고살아야 하는 방법을 고민해야 했죠. 그래서 미대 졸업 후 유학 갈 때 디자인과 미술사를 둘 다 공부하기로 결심했어요. 디자인은 돈을 벌기 위해, 미술사는 영혼의 허기를 채우기 위해서요.

처음 유학을 간 곳은 독일이었어요. 독일은 학비가 무료거든요. 유학 갈 때 아르바이트해서 모아 놓은 500만 원만 들고 갔어요. 디자인과에 먼저 합격했는데 안 갔어요. 너무 빨리 끝나면 일찍 돌아와야 하니까요. 떠날 때는 한국에 안 돌아올 생각으로 갔거든요. 미술사를 해야 박사까지 하면서 오래 머물 수 있겠다 싶더라고요. 이왕 멀리 온 거 오래 공부하고 싶어서 미술사를 선택했죠. 또 미술사를 공부하고 싶었던 이유는 이론을 너무 배우고 싶었기 때문이에요.

그런데 미술사 석사 과정 마지막 학기에 런던으로 가서 디자인을 다시 공부했어요. 디자인 학위가 있으면 먹고사는 문제가 해결되니까 그걸 기반으로 하고 싶은 작업을 하자는 마음이었죠. 막상 디자인을 해보니까 적성에 맞지 않았어요. 디자이너는 내가 싫어하는 회사라 하더라도 의뢰가 들어오면 무조건 해야 해요. 그래서 다시 순수미술을 시작했죠.

순수미술로 전공을 바꿔서 졸업을 했지만 그게 저의 마지막 공부는 아니었어요. 졸업 전시가 열렸던 전시장에 딜러가 와서는 제 작품값이 얼마냐고 묻는 거예요. 그때 꽤 당황했어요. 작품을 팔아 본 적이 없었으니까 얼마를 불러야 할지 몰랐지만 당시엔 팔 생각이 없어서 비싸게 불렀어요. 작품이 라이트박스 설치 작업이었는데 나무 자르는 것부터 전선 조립에 최종 마무리까지 제가 직접 했어요. 한국에 돌아가서 전시할 생각으로 몇천만 원 불렀던 것 같아요. 그랬더니 갤러리 담당자가 웃더라고요. "당신이 잘 몰라서 그러는데 대학원생은 작품 가격을 그렇게 받으면 안 된다. 50% 할인하자"고요. 그때 비싸게 불러서 팔지 않은 것을 아직도 후회하고 있어요. 작품들을 배에 싣고 한국으로 가져오다가 나무가 다 썩어서 결국 버려야 했거든요. 아무튼 그때부터 미술도 상품이라는 걸 알게 되었고, 미술품이 유통되는 미술시장에 대해 더 알고 싶은 호기심이 생겼어요.

인생의 전환점을 맞은 소더비 대학원

미술품이 생산되고 유통되는 과정을 제대로 공부하고 싶은 마음을 당시 지도교수님께 말씀드렸더니, 소더비 경매사가 설립한 학교인 '소더비 인스티튜트 오브 아트 런던Sotheby's Institute of Art, London'의 토니 고드프리Tony Godfrey 교수를 찾아가보라고 하셨어요. 고드프리 교수는 당시 소더비 대학원의 학장이셨고, 유명한 베스트셀러 저자이자 평론가였어요. 그분을 찾아가서 인터뷰하고 정식 입학 절차를 밟았어요.

이 학교는 소더비 경매사가 1969년 설립한 미술 전문 대학원이에요. 세계 최고의 미술 전문 인력을 양성한다는 자부심도 대단해요. 저는 여기서 석사는 컨템퍼러리 아트(현대미술)를 전공했고, 박사는 아트비즈니스 전공이었어요. 이곳 교육의 특징은 미술과 미술경영을 접목한 현장 중심의 수업으로 구성되어 있다는 거예요. 독일에서 미술사를 공부할 땐 늘 책이나 논문, 미술관에서 답을 찾으려 했었어요. 그런데 소더비의 교육 시스템은 완전히 달랐어요. 각 현장에서 일하는 최고 전문가들이 강의를 하고 미술관, 아트페어, 비엔날레, 경매장 등을 수시로 다니며 수업이 이루어져요. 또한 법조인이 와서 미술법과 회계를 가르쳐요. 미술시장의 처음부터 끝까지 모든 것을 배우는 느낌이었어요. 정말 살아있는 현장 밀착형 수업이었죠. 미술을 다각적으로 이해하고 바라보는 방법을 배웠어요. 소더비 대학원이 저에게는 인생의 전환점이었던 것 같아요.

공부, 공부, 또 공부!

소더비 대학원 생활은 끝없는 공부의 연속이었어요. 주 5일 내내 학교에 가고, 그중 하루는 '리서치 데이'라고 해서 미술관에서 살아야 해요. 학교에 가는 4일 동안 오전에 강의, 오후에 세미나, 때때로 저녁 7시에 외부 강사들이 와서 특강을 하기도 했죠. 매주 전시회 리뷰를 써야 하니 주말에는 미술관, 갤러리를 돌아다녀야 하고. 한 달에 한 번씩 에세이를 써내야 해요. 석달에 한 번씩 소논문을 내야 하고, 학생들이 돌아가면서 두 시간짜리 세미나를 단독으로 진행해야 해요. 그런 과정을 다 끝내야 코스가 끝나요. 총 3학기로 되어 있는데 한 학기가 끝날 때마다 필기시험을 보거든요. 시험에 합격하지 못하면 다음 학기를 다닐 수가 없어요. 만약 시험에 통과 못 하면 논문도 못 쓰는 거죠.

거기에다가 한 달에 한 번씩 '스쿨 트립'이라고 해서 해외에 1박 2일 또는 2박 3일 계속 나가요. 중요한 미술 행사나 미술관 방문을 위한 수학여행인 거죠. 현장에 가면 미술관 관장이나 큐레이터가 나와 있고, 거기서 수업이 이루어져요. 아침부터 저녁까지 미술관 몇 개를 돌면서 보고 듣고, 준비한 프레젠테이션도 해야 해요. 단순한 여행이 아니라 수업의 연장인 거죠. 공부를 엄청나게 해야 하니까 그걸 따라가지 못하거나, 체력이 안 되어서 중간에 포기하는 사람들도 있어요.

소더비 대학원을 졸업하면 경매사, 큐레이터, 아트컨설턴트, 평론가 등 미술계에서 할 수 있는 직업이 많아요. 원하면 마지막 학기에는 소더비나 다른 기관에서 인턴으로 일할 기회도 있고요. 저는 돈을 따라 일하지 않는 성향인데 미술시장의 정점인 세계 최고의 경매회사 학교에 들어간 거죠. 덕분에 경매 때마다 가서 세계의 부호들과 나란히 앉아 경매 현장을 지켜볼 수 있었죠.

몇 해 전쯤 서울에서 소더비 대학원 동문회가 처음 열렸어요. 40명 정도 모였는데, 그때 보니까 경매사, 미술관 큐레이터, 갤러리 딜러가 많았고 아트페어나 비엔날레에서 일하는 경우도 있고, 기자나 아트컨설턴트도 있었어요. 대기업에도 미술팀이 있어서 대기업 직원도 있었고요. 직업군이 정말 다양했어요. 그중 제가 제일 나이도 많고 졸업 연도도 빨랐죠. 그럴 수밖에 없는 게 제가 소더비 대학원에서 최초의 한국인이었으니까요.

런던 소더비 경매장에서

한국으로 돌아와 교육자로

소더비 대학원에서 학위를 받고 한국으로 돌아왔어요. 일하면서 계속 공부를 해왔기 때문에 몸도 마음도 너무 지친 상태였어요. 좀 쉬면서 이제 뭘 하며 살까, 어떤 일이 가장 행복할까 고민했죠. 그때 제가 선진국의 대학에서 받았던 교육의 혜택을 한국의 학생들과 나누고 싶단 생각을 했어요.

교육자의 길을 가야겠다고 생각한 건 소더비 대학원 시절 지도해주셨던 토니 고드프리 교수님 때문이었어요. 소더비 대학원을 졸업하고 교육자가 되는 경우는 드물어요. 다들 미술시장에서 돈을 벌고 싶어 하죠. 그러기 위해 소더비를 택하는 거고요. 그런데 저는 교수님이 학생들을 위해 헌신하는 모습에 감동받았어요. 마치 지도 교수가 나를 위해 존재하는 사람 같았어요. 학생이 필요한 게 있으면 뭐든지 도와주고 찾아주려는 교수로서의 친절함과 성실성이 몸에 밴 분이셨어요. 헌신하는 참 교육자 모습, 그 자체였죠.

반응이 폭발적이었던 첫 뮤지엄 스토리텔링

한국에 들어왔을 때 6개월 정도의 공백이 있었어요. 일단 가까운 백화점 문화센터 강의를 시작했어요. 당시에는 대중을 상대로 한 미술 이론 강의가 거의 없을 때였어요. 강의계획서를 써서 문화센터 담당자를 만났고 강의를 시작하게 되었죠. 유럽에서 제가 직접 다니면서 경험했던 뮤지엄들을 소개하는 강의였는데, 반응이 폭발적이었어요. 저의 첫 뮤지엄 스토리텔링이 그때 시작된 거예요.

처음 한 강의였는데 반응이 좋아서 저 혼자 한 곳에서 세 개의 클래스를 운영했어요. 그렇게 해서 일반인을 대상으로 하는 강의를 하게 됐고, 대학 강의도 많이 나갔어요. 대학이나 대학원에서 제가 가르치는 과목은 서양미술사, 시각매체론, 조형예술론, 비교미술론, 현대미술의 이해, 동시대 미술사조 등 제목 자체가 좀 딱딱해요. 대학 강의는 제가 만드는 게 아니라 학교가 개설한 걸 제가 맡는 거니까요. 그래도 최대한 재밌게 강의를 진행했어요.

서양미술사 강의할 때 학생들에게 책과 그림만 보면 재미가 없으니까 유럽 여행하듯 미술사를 공부해 보자고 말했어요. 예를 들면 제가 직접 찍은 사진들과 함께 파리의 루브르 박물관을 방문해 고전미술을 배우고, 오르세 미술관을 통해 근대미술을, 퐁피두센터를 둘러보며 현대미술을 설명하죠. 마치 유럽의 미술관 현장에서 수업하는 것처럼 하니까 학생들 반응도 뜨거웠어요. 그리고 빨리 유럽 여행 가고 싶다고 하죠. 미술사 수업인데 학생들에게 여행을 꿈꾸게 했어요. 지루한 미술사 수업이 아니라 매 수업 시간이 유럽여행이니까 학생들이 너무 좋아해요. 성신여자대학교에서는 최우수 강사로 뽑히기도 했죠. 중앙대학교와 경희대학교 학생들도 제 강의를 좋아해요. 4년 동안 들었던 강의 중에서 제일 즐겁고 유익했다는 학생도 있었어요.

매일 출근하지 않지만 직업은 여러 개

저는 하루 종일 일하는 직업을 갖지 않기로 오래 전에 결심했어요. 20대 때 딱 한 번 유명한 건설회사에서 몇 개월 일한 경력이 전부예요. 모델하우스에서 일했는데 지각 한번 안 하고 주말도 없이 정말 열심히 일해서 초과 수당을 많이 받았어요. 그렇게 몇 개월 일하고 과로와 장염으로 병원에 실려 갔어요. 밤낮없이 일해서 번 돈을 고스란히 병원비로 냈죠. 너무 허무하더라고요. 그때 생각했죠. '앞으로 절대 풀타임 직업을 갖지 않겠어!'

지금도 가끔 갤러리나 기업, 연구소 등에서 함께 일하자는 제안을 받지만 모두 거절해요. 제 직업의 수를 세어보니 아홉 개 정도 되더라고요. 뮤지엄스토리텔러, 미술작가, 저자, 강사, 평론가, 칼럼니스트, 독립 큐레이터 등이에요. 융합미술연구소도 운영하면서 여러 가지 프로젝트도 하고 있고요. 직업은 많지만 매일 출근해야 하는 일은 없어요.

미술작가로서 첫 개인전을 열었던 때는 2004년이었어요. 전 '그림을 쓴다'는 개념으로 작업해요. 이모티콘처럼 컴퓨터 자판의 문자나 기호로 이미지를 만들었어요. 당시 이모티콘을 갖고 미술작품을 만든 사람이 없었기 때문에 신선했나 봐요. 오프닝 때 KBS에서 취재를 와서 '일상의 이모티콘이 예술이 되다'라는 제목으로 제 전시를 소개했죠. 이후로 국립현대미술관, 서울시립미술관, 예술의전당, 부산시립미술관 등에서 전시회 제안이 들어왔어요. 2016년에는 두 번이나 전시회를 가졌고, 2022년과 2023년에는 신간 출간과 동시에 개인전을 열었어요.

처음 책을 내게 된 계기는 백화점 문화센터에서 유럽의 미술관을 소개하는 강의를 할 때였어요. 그 이야기를 묶어 책으로 내면 더 많은 사람에게 제 경험을 공유할 수 있는 거잖아요. 마침 2004년 개인전 때 출판 관계자들이 많이 오셨길래 출간기획서와 함께 미리 써놓은 원고를 보여드린 것을 계기로 책을 출판하게 되었어요. 그때 랜덤하우스 출판사에서 나온 책이 『21세기 유럽 현대미술관 기행』이에요. 지금은 아트북스 출판사에서 『가고 싶은 유럽의 현대미술관』으로 이름이 바뀌어 나오고 있어요. 이 책은 지금도 꾸준히 독자들로부터 사랑을 많이 받고 있어요. 국립중앙도서관 예술 분야 최다 대출 10대 책에 선정되기도 했고요. 첫 책이 성공하고 나니까 계속 책 제안이 들어왔고, 지금까지 어린이책까지 합하면 열일곱 권의 책을 쓰게 되었죠.

한 분야의 전문가가 아니라
다양한 분야의 멀티플레이어로

저는 요즘 학생들에게 "지금은 스페셜리스트의 시대가 아니고 제너럴리스트의 시대"라고 이야기 해요. 예전에는 하나만 잘해도 잘 먹고 살 수 있었어요. 그런데 지금은 하나만 잘해서는 안 돼요. 제너럴리스트의 시대, 즉 여러 방면으로 잘해야 하죠. 한 가지가 아닌 다양한 분야를 고루 잘하는 창의적이면서도 융합적인 인재들이 주목을 받는 시대예요. 다만 고루 잘하면서도 그중 특히 잘하는 자신만의 전문 분야는 따로 있어야 해요.

미술작가들도 마찬가지예요. 성공한 작가들을 보면 그림 실력은 기본이고 글도 잘 쓰고 말도 잘하고 대인관계도 좋으면서 홍보나 마케팅 실력도 뛰어난 경우가 많아요. 혼자 작업실에 틀어박혀 열심히 작업만 해서는 안 된다는 거죠. 한마디로 멀티플레이어Multi-player가 되어야 해요.

안타깝게도 이런 능력을 타고난 사람은 많지 않아요. 그러니 연습이

세화미술관에서 전시 스토리텔링

필요해요. 저는 대학 수업할 때 학생들에게 자기 작품 세계를 글로 표현하고, 말로 표현하는 기회를 줘요. 아무리 좋은 작품을 만들었어도 그것이 왜 좋은지, 어떤 이유로 만들었는지 작가가 설명할 수 없다면 그 작품은 아무도 이해할 수 없는 물건이 되는 거니까요.

끊임없이 새로운 분야에 도전하고 싶어요

한 분야의 최고가 되었다고 자만하면 안 되고, 끊임없이 새로운 분야를 개척하고 공부해야 더 큰 발전을 해요. 제가 운영하는 연구소가 있는데 이름이 융합미술연구소 크로싱CROSSING이에요. '교차하다'는 뜻이죠. '미술과 다른 분야와의 융합을 통한 새로운 가치 창출'이 모토예요. 융합미술연구소라고 하니까 칼럼이나 평론, 강연, 자문 등의 주제가 다양하게 들어와요.

어떤 회사는 사보에 패션 관련된 칼럼을 써 달래요. 며칠 동안 밤새며 열심히 논문과 자료를 찾아 공부했어요. 근현대 복식사 100년을 연구해서 미술 속의 패션 이야기를 썼죠. 패션은 제 전문이 아니라고 거절할 수도 있었지만, 이 기회에 패션 공부를 해볼까 하는 마음으로 승낙했던 거죠.

미술과 음악에 관한 주제로 강의 요청이 들어오면 '이참에 클래식 공부 한 번 해보지 뭐' 이렇게 생각해요. 다른 분야도 무한한 흥미를 느끼거든요. 한 번은 라디오 강연 요청이 왔는데, 경제 전문 프로그램이었어요. 경매와 미술시장 이야기는 미술과 돈, 경제에 대한 이야기잖아요. 그래서 '미술 투자의 새로운 패러다임'을 주제로 강연을 했죠.

얼마 전엔 가상현실을 주제로 한 미술 전시의 리뷰를 써 달라고 했는데, 제가 마침 2년 전부터 가상현실, 증강현실에 관심을 두고 공부했던 게 있어서 어렵지 않게 전시 리뷰를 쓸 수 있었어요. 또 요즘엔 미술 관련 영화 리뷰를 써 달라는 요청도 있었어요. 사실 평소에 영화를 잘 보지 못하는데 그 원고 덕에 3일 밤새며 다큐멘터리 미술 영화와 최근 영화 정보에 대해 열심히 공부했어요. 잡지사에서 만족스러웠는지 앞으로도 계속 영화 관련 글을 써달라고 하더라고요. 이 밖에도 미술사와 생태학에 관한 강의를 듣고 싶다는 요청도 있고요. 저는 이렇게 제 역량을 넓혀나가는 과정이 즐거워요. 그래서 앞으로도 새로운 분야에 대한 도전은 멈추지 않을 것 같아요.

런던 크리스티 경매장에서

6장에서는?

앞에서 미처 해결하지 못한 궁금증을 해결하는 시간! 어떻게 하면 이야기를 잘 만들 수 있는지, 사람들의 마음을 사로잡는 스토리텔링 노하우는 무엇인지, 이 직업의 미래는 어떤지도 알려주신대요.

미술관과 박물관은 어떻게 다른가요?

QUESTION 01

루브르는 박물관일까요? 미술관일까요? 오르세는요? 영어로는 루브르, 오르세 둘 다 뮤지엄이에요. 그런데 우리나라에선 루브르는 박물관으로, 오르세는 미술관으로 불러요.

박물관은 역사적 가치가 있는 것들을 수집, 보관, 전시하는 곳이에요. 역사박물관, 교통박물관, 민속박물관, 김치박물관 등 다양한 종류가 있어요. 미술관은 박물관의 한 종류로 미술 전문 박물관을 말해요. 오르세는 미술품이 주로 수집된 곳이라 미술관이라 번역해 부르고, 루브르는 미술품 이외에도 여러 문화유산이 함께 수집된 곳이라 박물관이라고 부르죠.

미술관은 비영리 기관이기 때문에 작품의 수집과 전시만 가능해요. 대부분의 작가는 유명 미술관에서 전시회를 열고 그곳에 자기 작품이 영원히 소장되길 바라죠. 'OO미술관에 작품이 소장된 작가'라는 건 작가들에겐 일종의 명예예요.

미술 전시를 잘 관람하는 방법이 있나요?

처음 갈 때는 아무것도 모르는 상태에서 선입견 없이 둘러보세요. 두 번째 갈 때는 공부를 조금 하고 가세요. 느낌이 달라요. 아는 만큼 느낄 수 있다는 말도 틀리지 않아요. 미술관 홈페이지를 보면 전시나 작품에 대한 기본적인 설명이 있어요. 이런 기본적인 정보만 알고 가도 전시를 이해할 수 있어요.

요즘 미술관은 교육 기능을 강화하고 있어서 정보가 매우 많아요. 리플릿이나 전시 도록도 만들고요. 어떤 경우는 전시와 작가, 작품에 대한 정보를 미술관 벽면에 깨알 같은 글씨로 써놓기도 해요. 큐레이터들이 밤을 새워서 쓴 문장들이죠. 그밖에 오디오 가이드나 증강현실 기술을 도입한 스마트한 전시 가이드도 많아요. 전시 설명을 해주는 도슨트 프로그램에 참여하는 것도 좋고요. 전시장에서 기억에 남는 작품이 있다면 집에 와서 작품과 작가에 대한 정보를 더 찾아볼 수도 있겠죠. 사실 정보는 많은데 관심이 부족한 거예요. 미술 정보들은 관심을 가질 때만 눈에 보이기 시작한답니다.

이야기를 잘 만드는 방법은 무엇인가요?

뮤지엄스토리텔러는 사람들과 소통하는 직업이에요. 다른 사람과의 소통에서 가장 중요한 건 내가 하고 싶은 이야기를 하는 게 아니라 남들이 듣고 싶어 하는 이야기를 하는 거예요. 일기는 내가 하고 싶고, 쓰고 싶은 이야기를 적는 거지만, 스토리텔링은 남들이 알고 싶어 하고 궁금해하는 이야기여야 해요.

스토리텔링을 하려면 건축가가 설계도를 그리듯이 이야기 설계도를 먼저 그려야 해요. 설계도가 탄탄하면 설득력 있는 강연이나 글이 되죠. 설계도를 그리지 않고 이야기하면 듣는 사람들은 갈피를 못 잡아요. 전달력도 떨어지고요.

스토리텔링을 잘하려면 이야기의 주제와 내용, 이야기의 구조, 즉 설계도를 머릿속으로 계속 구상해야 해요. 저는 구상하는 시간이 오래 걸려요. 구상을 어느 정도 한 다음에는 정보를 수집해요. 정보의 양이 많아지면 어떤 식으로 정리할까? 어떤 이야기를 먼저 할까? 어떤 이야기를 더 키울까? 어떤 이야기를 뺄까? 고민하고 판단하죠. 이 과정에서 정보의 양은 중요해요. 어느 정도 정보가 쌓였을 때 선택하고 판단하는 과정에서 설계도가 완성돼요. 스토리텔링의 설계도를 만드는 과정은 강연을 준비하거나 글을 쓸 때도 똑같아요.

현재에도 미술관이 많이 생기나요?

QUESTION 04

점점 많이 생기고 있어요. 중국만 해도 2021년 기준 5,700개가 넘는 뮤지엄을 이미 가지고 있고, 지금도 많은 미술관을 짓고 있어요. 특이한 게 그중 3,000개 이상이 다 국공립이라는 거죠. 관 주도로 뮤지엄들이 건립되고 있어요.

흥미로운 점은 중동 지역에 지금 새로운 미술관 건립 열풍이 불고 있다는 거예요. 아부다비가 제일 대표적인 경우인데, 프랑크 게리, 자하 하디드 등 세계적인 건축 거장들이 설계한 뮤지엄들이 속속 지어지고 있어요. 프랑스 루브르 박물관의 첫 해외 분관인 루브르 아부다비가 2017년 들어섰고, 구겐하임 아부다비 미술관도 2025년 개관 예정이에요. 중동의 오일머니가 아부다비를 새로운 미술의 도시로 만들고 있는 거죠.

지금은 문화경쟁의 시대예요. 문화예술로 우리의 활동을 확장하지 않으면 개인의 삶과 사회의 발전에 한계가 있어요. 세계 도처에서 불고 있는 미술관 건립의 바람을 저는 '기적'을 짓는다고 말해요. 왜 그런지 스페인의 빌바오 구겐하임 미술관Guggenheim Bilbao Museum의 예를 들어볼게요. 빌바오는 스페인 북부 바스크 지역에 위치한 인구 35만 명이 사는 작은 도시예요. 1980년대 이후 도시의 주력 산업이었던 철강업과 조선업이 쇠락하면서 몰락해가는 도시가 되었어요. 거기에 더해 10년간 바스크 분리주의자들의 테러 전쟁까지 겪어서 한마디로 희망이 없는 도시였죠. 실업률은 35퍼센트까지 올랐고 젊은이들은 고향을 떠났어요. 그런데 빌바오 시는 도시 재생을 위해 다른 산업시설을 유치하는 대신 문화를 선택해요. 세계적 명성의 뉴욕 구겐하임 미술관 분관 건립을 추진하죠. 미술관 설계도 세계적 건축 거장인 프랑크 게리에게 의뢰해요. 멋진 미술관 하나 지어서 쇠락해 가는 빌바오를 세계적인 문화예술의 도시로 만들고자 했어요. 큰 비용이 드는 일이었기에 상당히 위험 부담이 큰 결정이었죠.

그런데 그들의 선택은 옳았어요. 빌바오 구겐하임 미술관을 개관하고 1년 동안 140만 명의 관광객이 찾아왔어요. 도시 인구의 네 배 이상이죠. 관광객들이 와서 뭐하겠어요? 보고 먹고 자고 쇼핑하겠죠. 식당과 고급 호텔이 지어지고 상점들이 점점 늘어났고, 실업률 문제는 절로 해결되었죠. 일자리가 생기니 고향을 떠났던 젊은이들도 다시 돌아왔어요. 개관 후 10년 동안 이 미술관에 천만 명 가까이 다녀갔어요. 관광객이

빌바오 구겐하임 미술관

쓴 돈은 16억 유로, 우리 돈으로 2조 원이 넘어요. 문화적인 욕구도 채우고, 도시의 경제도 살렸죠. 그래서 저는 미술관을 감히 '기적'이라고 말해요.

뮤지엄스토리텔러의 수요가 많은가요?

QUESTION 05

미술관과 미술에 관한 이야기를 듣고 싶어 하는 수요는 매우 많아요. 강연 요청이 많은 곳은 전국의 미술관, 백화점 문화센터, 대기업, 공공도서관 등이에요. 일종의 인문학 열풍이죠. 강의할 때 제가 직접 찍은 사진을 자주 보여줘요. 사람들은 화면 속 멋진 미술관 풍경과 그림들을 보면서 대리만족을 느끼고 힐링하는 거죠. 동시에 여행 정보도 얻고요.

또한 전 세계는 지금 새로운 뮤지엄을 많이 건립하는 분위기예요. 왜냐면 뮤지엄은 그 나라 문화 수준을 가늠하고, 경제적인 가치를 만들어 내는 토대가 되고 있기 때문이에요. 우리나라도 마찬가지예요. 통계청 자료를 보면, 2006년 491개였던 우리나라 뮤지엄 수는 2020년 1,164개로 늘어났어요. 15년도 안 된 기간에 엄청난 수의 뮤지엄이 새로 생겨났고, 앞으로도 더 많이 생겨날 거예요.

해서 저 같은 뮤지엄스토리텔러가 많이 필요한 시대가 곧 올 거예요.

꼭 가봐야 할 뮤지엄 수는 너무 많은데 우리의 시간은 한정되어 있어요. 그러니 뮤지엄 전문가에게 방문지를 추천받고 그곳에 대해 미리 이야기를 듣고 싶어하는 사람들이 점점 늘어날 수밖에 없다는 거죠.

스토리텔링의 노하우가 있나요?

저는 대중 강연을 많이 해요. 강의를 듣는 수강생들에게 늘 듣는 말이 제 강의가 독특해서 좋대요. 왜냐하면 미술작품 이야기만 들으면 미술사적인 부분에 치우쳐 지겨울 수 있는데, 저는 작품 설명뿐 아니라 미술관에 얽힌 온갖 다양한 이야기를 다 해 주니까 지루하지 않대요. 어떤 사람들은 건축에 관심이 많지만 또 어떤 사람들은 건축에 전혀 관심이 없어요. 어떤 사람들은 미술에 관심이 있지만 또 어떤 사람들은 미술보다는 새로운 여행 정보를 얻고 싶어서 제 강의를 들으러 오죠. 이렇게 다양한 사람들을 충족시키려면 이야기 소재를 적당히 분배할 필요가 있어요.

미술관 이야기와 함께 중요한 작가는 꼭 짚고 넘어가죠. 작가에 대해 강의할 때는 대학원 수준 이상으로 깊이 들어갈 때도 있어요. 강의와 책을 통해 사람들에게 현대미술의 매력을 알리는 게 제 의무라고 생각하기 때문이에요. 그렇지만 대부분은 미술관의 재미있는 이야기와 알려지지 않은 비하인드 스토리 위주로 풀어가요. 그래서 다들 좋아하세요. 제 강의를 듣고 난 후 '꼭 가봐야지'라는 생각을 많이 하신대요.

제 역할은 그거예요. 사람들이 제 강의를 듣고 그곳에 꼭 가봐야겠다는 마음이 들면 성공했다고 생각해요. 실제로도 제 강의를 들었던 분들이 포함된 그룹을 이끌고 유럽으로 아트 투어를 다녀오기도 했고, 다음에도 수강생들과 함께 아트 투어를 갈 생각이에요. 국내 미술관 투어는 종종 하고 있고요.

한 미술관을 여러 번 방문해야 하는 이유가 있나요?

QUESTION 07

한 곳을 여러 번 가면 경험이 쌓이고 그것이 이야기가 돼요. 미술관은 그대로 있지만 전시가 바뀌고, 만나는 사람이 바뀌고, 계절이나 시간에 따라서 주위 환경도 달라지죠. 그러면서 이야깃거리가 자꾸 늘어나는 거예요.

저는 영국 미술관들에 대해 스토리텔링을 할 때 이야깃거리가 제일 많아요. 영국에서 오래 살았고, 그곳 미술관들을 도서관이자 학교처럼 여기고 자주 다녔기 때문이죠. 한 곳을 여러 번 방문해야 이야깃거리가 많이 생겨요. 단 한 번의 경험을 가지고 이야기하기는 쉽지 않죠.

수입은 얼마나 되나요?

저의 고정수입은 강의에서 나와요. 정규 강의는 대학 강의가 이틀, 문화센터 강의가 하루, 이렇게 주 3일이에요. 시간으로 따지면 한 주에 여덟 시간에서 아홉 시간으로 한 달에 200만 원 정도 벌어요. 제 경우는 부수입이 더 커요. 전국의 미술관, 기업체, 도서관 등에서 이루어지는 특강료, 여러 매체에 쓰는 칼럼이나 전시 평론의 원고료, 책 출간에서 나오는 인세 수입 등이에요. 이 밖에 여러 기관의 심사위원, 자문위원 등으로 활동하며 받는 회의 참석비, 방송 출연료 등도 있고요.

지금은 제가 책도 많이 내고, 일도 많이 들어와서 수입이 나쁘지 않지만, 처음에는 한 달에 150만 원도 못 벌 때도 많았어요. 하지만 그때도 돈 때문에 일을 더 하지는 않았어요. 20대부터 '생계를 위해 주 3일만 일하자'고 결심했거든요. 하기 싫은 일을 억지로 하는 것보다 조금 덜 벌더라도 삶의 여유를 갖는 게 더 낫다고 판단한 거죠. 프리랜서로 살면서 주 3일만 일하고 자유를 만끽하면서 사는 지금이 행복해요.

뮤지엄스토리텔러의 미래를 어떻게 예상하세요?

QUESTION 09

    21세기는 문화가 아주 중요한 시대예요. 거의 모든 나라들이 더 많은 문화 시설을 만들기 위해 힘쓰고 있어요. 그 중심에 뮤지엄 건립이 있죠. 이렇게 뮤지엄이 많이 생기면 그에 따른 정보도 수없이 많이 쏟아져 나올 거예요. 그런데 보통 사람들이 그 많은 정보의 홍수 속에서 자신에게 꼭 필요한 곳을 골라내기는 어려울 거예요. 이때 사람들에게 도움을 줄 수 있는 사람이 바로 뮤지엄스토리텔러죠. 뮤지엄의 특색을 찾아내 테마별로 나누고 먼저 경험한 내용을 속속들이 알려주는 뮤지엄스토리텔러의 시대가 올 거라고 확신해요.

    제가 이렇게 확신하는 이유는 모든 것이 빠르게 변화하는 시대에 사는 사람들은 그 속도 때문에 스트레스를 많이 받고 외로워질 게 뻔하기 때문이에요. 사람들이 지치고 힘들 때 힐링과 치유를 선물할 수 있는 게 바로 미술을 비롯한 문화의 힘이에요. 뮤지엄스토리텔러는 미술과 여행을 결합해 사람들에게 문화 체험의 기회를 줄 수 있어요. 실제로도 자연

속 미술관을 소개한 제 책『자연미술관을 걷다』나『숲으로 간 미술관』을 미술관 여행의 길잡이로 사용하는 독자들이 꽤 많은데요. 그것만 봐도 미술과 여행을 결합한 형태의 문화 체험에 사람들의 관심이 많다는 것을 알 수 있죠.

새로운 분야를 개척하려면 어떻게 해야 할까요?

QUESTION 10

저는 학생들에게 뮤지엄스토리텔러가 되라고 말하지 않아요. 뮤지엄스토리텔러 이은화처럼 자기만이 잘할 수 있는 무언가를 찾아 스스로 길을 만들고 직업을 만들라는 거죠. 제가 강조하는 부분은 기존에 없는 길, 남들이 가지 않는 길을 만들어 가라는 거예요. 그러기 위해서는 콘텐츠 메이커Contents maker가 되어야 해요.

누구나 자기가 좋아하고 잘하는 게 분명히 있어요. 그것을 찾아서 10년 정도 묵묵히 노력하다 보면 그 분야의 전문가가 반드시 된다고 생각해요. 10년을 노력하면 이 세상에 없는 직업을 창조할 수 있어요. 다만 무엇을 하든 자신만의 스토리와 콘텐츠를 만들고 그걸 글과 말로 표현해 완성하는 게 중요해요.

뮤지엄스토리텔러는 1인 기업가예요. 강연하고 책 쓰고 모두 혼자서 하는 일이죠. 저는 콘텐츠를 만드는 창작자이기 때문에 누군가의 지시를 받는 일은 없어요. 그래서 여러분에게 뮤지엄스토리텔러가 되라고 말하기 보다는 저처럼 좋아하는 일을 통해 직업을 창조해서 1인 기업가로 살아가라고 이야기해 주고 싶어요.

독일 ZKM미술관에서

CHAPTER. 7

나도 뮤지엄스토리텔러

테이트 모던 외관 전경

폐건물의 화려한 변신

영국 최고의 국립현대미술관인 런던의 테이트 모던은 옛 화력발전소를 개조한 곳이고, 인상파 그림이 많은 파리의 오르세 미술관 역시 버려진 기차역을 미술관으로 화려하게 변신시킨 곳입니다.

이렇게 유럽에는 버려진 건물을 뮤지엄으로 리모델링해 성공한 사례가 많습니다. 환경을 위해서도 건물을 새로 짓는 것보다 폐건물을 재활용해야 한다는 목소리가 높습니다.

우리나라에도 폐건물을 뮤지엄이나 문화공간으로 재탄생시킨 곳들이 많습니다. 그곳들을 찾아서 '폐건물, 문화공간으로 피어나다'라는 주제로 스토리텔링해 보세요.

Tip

내용은 미술관 종류(국립, 공립, 사립 등), 대표 소장품, 건축 특징, 교육 프로그램, 입장료, 찾아가는 길, 기타 유용한 정보 등으로 구성합니다.
(참고: 시안미술관, 김영갑갤러리 두모악, 삼탄아트마인, 문화역서울284, 젊은달와이파크)

나만의 뮤지엄 로드맵

우리나라에는 1,200개가 넘는 미술관과 박물관이 있습니다. 그중 관심 가는 특별한 테마를 정해 '나만의 뮤지엄 로드맵'을 만들어보세요.

Tip

소리를 찾아 떠나는 뮤지엄 기행, 맛있는 뮤지엄, 어린이를 위한 뮤지엄, 역사 속 위인을 만나러 갑니다, 숲속 미술관 기행 등 테마를 먼저 정한 후 관련 뮤지엄을 찾아 스토리텔링하세요. 전국 박물관, 미술관 정보는 포털(네이버 등)에서 '전국 박물관' 또는 '전국 미술관'을 검색하면 찾을 수 있습니다.

예 소리를 찾아 떠나는 박물관 기행: 국립국악박물관(서울), 참소리축음기박물관(강원), 고창판소리박물관(전북), 경주오르골소리박물관(경북) 등 소리와 관련된 전국의 박물관을 찾아 건축 규모, 그곳 소장품의 특징, 찾아가는 방법 등을 스토리텔링합니다.

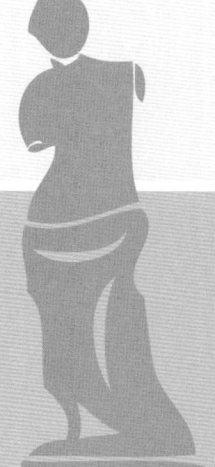

우리 동네 뮤지엄 가이드

자신이 살고 있는 동네의 미술관, 박물관을 찾아 조사한 후 여행자를 위한 뮤지엄 안내서를 만들어보세요. (도, 시, 구, 군, 동네 모두 가능)

Tip
안내서에는 미술관 종류(국립, 공립, 사립 등), 대표 소장품, 건축 특징, 교육 프로그램, 입장료, 찾아가는 길, 기타 유용한 정보 등이 명료하게 정리되어 있으면 좋습니다. 가능하다면 외국인을 위한 간단한 영어 안내문도 함께 써 주세요.

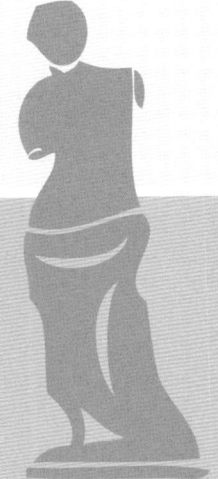

상상 프로젝트: 내가 만약 OOO이라면

OOO에는 예술가, 건축가, 박물관장, 전시기획자, 문화예술행정가 등 문화예술 관련한 직업이 들어가야 합니다. 우리 사회에 꼭 필요한 문화예술 프로젝트가 무엇인지 서로 토론해보고 직접 프로젝트를 만들어 봅니다. 독창적이고 기발한 아이디어일수록 좋지만, 어느 정도 현실 가능성이 있는 프로젝트여야 합니다.

Tip
미술관이 아닌 일상의 장소에서의 기발한 전시, 독특한 미술관, 특별한 문화행사나 정책 등도 기획해 보세요.

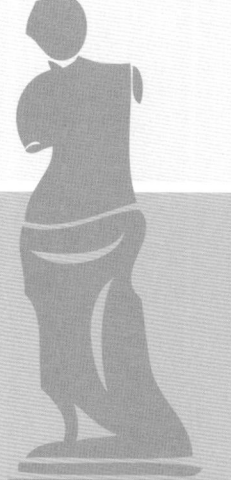

나도 뮤지엄스토리텔러! Best of Best

당신은 현재 뮤지엄스토리텔러로 활동 중입니다. 문화잡지사에서 가정의 달인 5월을 맞아 가족이 함께 갈 수 있는 뮤지엄이나 전시회를 추천해달라고 합니다. 어떤 뮤지엄 또는 전시를 추천할 것인지 그 이유는 무엇인지를 칼럼 형식으로 써보세요.

Tip

전국 박물관, 미술관 정보는 포털(네이버 등)에서 '전국 박물관' 또는 '전국 미술관'을 검색하면 찾을 수 있고, 전시 정보는 www.daljin.com / www.neolook.com 등에서 얻을 수 있습니다.

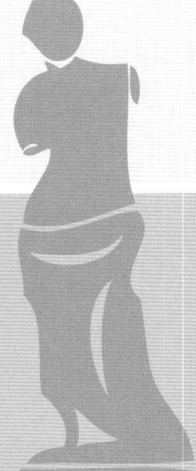

CHAPTER. 8

뮤지엄스토리텔러의

스토리텔링 1

유럽의 숨은 진주, 홈브로이히 박물관 섬
Museum Insel Hombroich

독일의 서쪽 루르 지역의 노이스Neuss라는 아주 작은 도시, 지도에도 잘 표시되지 않을 정도로 작은 이 도시에는 여러분이 상상하기 어려울 만큼 아주 특별한 미술관이 있어요. 홈브로이히 박물관 섬Museum Insel Hombroich인데요. 2004년 미국 미술 전문지 <아트뉴스>가 '세계의 숨겨진 미술관 톱 10'을 발표하면서 '유럽의 숨은 진주'라며 극찬했어요.

독일인들에게조차 잘 알려지지 않은 이 미술관이 전문가들 사이에서 최고로 손꼽히는 이유는 멋들어진 건축물이 있어서도 아니고, 대단한 소장품을 가지고 있어서도 아니에요. 미술관의 이름에 붙은 'Insel'은 독일어로 섬인데요. 이름에서 알 수 있듯이 미술관은 마치 하나의 섬 같아요. 다만 바다로 둘러싸인 진짜 섬이 아니라 강으로 둘러싸인 넓고 푸른 초원 속에 있어요. 푸른 초원 위에 띄엄띄엄 들어선 조각품 같은 미술관 건물들을 천천히 걸으면서 자연 속에서 미술과 조용한 대화를 나눌 수 있는 곳, 직접 가보지 않고서는 결코 그 참모습을 알 수 없는 곳이라서 특별한 경험과 추억을 선물로 받을 수 있는 곳이에요.

몇 해 전, 독일 지역 미술관 취재 길에 저는 마지막 목적지로 홈브로이히 박물관 섬(이하 홈브로이히)을 잡았어요. 두 번째 방문인데도 미술관을 찾아가는 길이 왠지 긴장되고 설렜죠. 그동안 얼마나 변했는지 사뭇 기대도 되었고요. 이렇게 한 번 다녀갔던 미술관을 다시 방문한다는 것은 마치 옛 친구 집을 다시 방문할 때와 비슷한 설렘과 호기심을 유발한답니다.

홈브로이히의 매표소는 서점을 겸하고 있는 작은 건물로 빨강과 검은색의 단순하면서도 세련된 가구들로 꾸며져 있어요. 독일 출신 건축가이자 조각가인 올리버 크루제 Oliver Kruse가 디자인한 것들이에요. 매표소를 통과해 천천히 자연을 음미하면서 걷다 보면 저절로 마주치는 작은 건물들이 있는데 바로 작품이 전시된 갤러리들이에요. 섬 전체에 걸쳐 적당한 간격을 유지하며 얌전히 서 있는 각각의 독립된 갤러리들은 건축물

홈브로이히 박물관 섬 전경

이라기 보다 차라리 그 자체로 조각품 같은 인상을 주죠. 실제로 이곳에 있는 총 열다섯 개의 건물 중 열한 채가 독일 조각가 에르빈 헤리히Erwin Heerich가 디자인한 거예요. 그는 자신의 조각 작품들을 사람들이 걸어 들어갈 수 있을 만큼 크게 확대해서 이곳에 설치해 놓았다고 해요. 그러고 보니 조각품이 커져 사람이 들어갈 수 있으면 건축이 되는 것이 아닌가 싶어요. 조각가나 건축가로 굳이 분류하는 습관이 오히려 편견일지도 모른다는 생각이 들었죠.

입구 건물에서 출발해 5분쯤 걸으면 '탑'이라는 이름의 갤러리를 만나요. 투박한 탑처럼 생긴 붉은 벽돌 건물인데 내부는 군더더기 하나 없이 정갈하고 깔끔한 흰색이에요. 갤러리 내부엔 아무것도 없어요. 텅 빈 공간 속에 천장 유리창으로 들어오는 따뜻한 햇살만이 조용히 비치고 있을 뿐이죠. 이곳을 저는 '마음을 비우는 장소'라고 불러요. 마음뿐만 아니라 모든 미술사 지식이나 미술에 대한 편견도 머릿속에서 완전히 비우는 곳이에요. 그래야만 이곳에서 진정한 미술 감상을 할 수 있어요. 그 이유는 소장품들이 전시된 다른 건물들에서 자연스럽게 알게 돼요.

탑 갤러리를 빠져나와 산책로를 따라 걸으면 나무 울타리에 숨겨진 꽤 큰 규모의 건물이 나와요. '미로'라는 이름이 붙은 이 건물은 홈브로이히의 주요 소장품이 전시되어 있는 갤러리예요. 밝은 자연 채광으로 채워진 전시장 내부엔 쿠어드 슈비터스, 한스 아르프, 그라우브너 등 잘 알려진 유럽 출신 작가들의 현대회화 작품들이 고대 크메르나 페르시아 또는 중국의 옛 조각품들과 한 공간에 나란히 전시되어 있어요.

그런데 작품 주변에는 어떤 설명서나 명제표도 없어요. 처음 방문한 사람들은 그 때문에 당황하곤 해요. 전시된 미술품이 누구의 작품이며 제목이 뭔지 확인하고 싶은데 아무리 둘러봐도 전시 관련 설명이나 작품 명제표를 찾을 수가 없으니까요. 요즘 미술관들은 교육적 목적을 중요시해 전시된 미술품보다 그에 대한 설명문을 더 크게 만들기도 해요. 작품을 이해하는 가이드가 되기도 하지만 때로는 해설에 눈이 가려져 진정한 작품 감상을 방해하기도 하죠.

이와 달리 홈브로이히는 동양미술과 서양미술, 고미술과 현대미술이 어떠한 설명도 없이 한 공간에 동시에 놓여있어 시대나 문화적 배경에 대한 편견이나 구분 없이 그저 자연 속에서 작품 자체를 즐기고 감상하도록 유도하고 있어요. 게다가 전시장 내부를 지키는 안내요원이나 지킴이는 물론 CCTV도 없어 아무런 제약 없이 정말 맘 편하게 작품을 감상할 수 있고, 원하면 사진도 실컷 찍을 수 있어요. 제가 이곳을 '없는 것이 많아 더 좋은 미술관'이라 부르는 이유예요. 다른 미술관에서는 결코 상상할 수 없는 관람자의 자유와 권리를 이곳에서는 맘껏 누릴 수 있죠.

홈브로이히 박물관 섬

   그렇다고 이곳에 전시된 소장품들이 결코 방치해도 좋을 만큼 싸구려이거나 미술관 측이 소장품 관리에 소홀해서 그런 것은 절대 아니에요. 램브란트 판레인을 비롯해 구스타프 클림트, 폴 세잔, 이브 클랭, 엘스워스 켈리, 알렉산더 칼더 등 서양 미술사를 장식한 유명 화가들의 작품부터 중국, 아프리카, 멕시코, 고대 크메르 조각까지 시대와 역사, 국적을 초월하는 중요한 미술작품들을 미술관 곳곳에서 만날 수 있어요.
   갤러리 건물들도 흥미로워요. 비슷하지만 각각 개성을 살린 갤러리 건물들은 저마다의 이름이 붙어있어요. 노베르트 타데우츠의 대형 회화를 전시하는 '타데우츠 파빌리온'부터, 헤리히의 단순하고 간결한 조각 작품이 놓여있는 '호에 갤러리', 주요 소장품이 걸려있는 '열두 개의 방이 있는 집', 아나톨 헤르츠펠트의 작품이 전시된 '아나톨스 하우스', 고르하르트 그라우브너의 아틀리에이자 전시장으로 쓰이는 '그라우브너 파빌리온', 고대 크메르 조각들이 전시된 '오랑제리', 미로 형태의 대형 전시장인 '미로', 달팽이 모양으로 생긴 전시장인 '달팽이' 등 갤러리의 형태나 기능에 따라 작가 이름을 붙이기도 하고 각각 재미있고도 인상적인 이름들을 붙여놓았어요.

초원 속에서 흩어진 전시장을 찾아 산책로를 따라 걷다 보면 예쁜 정원이나 연못, 소박한 나무다리 등을 자연스럽게 만나게 되는데, 독일 출신의 환경 건축가 코르테가 설계한 것이에요. 주변 경관과 잘 어울리는 돌이나 철재, 나무로 만들어진 야외 조각들은 이곳의 또 다른 볼거리죠.

미술관 산책의 마지막 코스는 이곳의 또 다른 명소인 유기농 카페테리아로 이 지역 농촌에서 생산된 무공해의 신선한 과일과 유기농 음식들을 제공해요. 여러 종류의 잡곡빵과 잼, 푸딩, 감자요리, 샐러드, 삶은 달걀, 과일, 음료 등 그야말로 독일산 웰빙 음식들을 실컷 맛볼 수 있죠. 관람객들에게 무료로 제공하는 뷔페식이라는 게 가장 큰 매력이고요. 대자연 속에서 예술 감상뿐 아니라 휴식과 명상, 그리고 웰빙 식사까지 가능한 홈브로이히는 이곳을 찾는 이방인들에게 평생 잊지 못할 특별한 추억을 선사한답니다.

9장에서는?

빛과 바람이 스미는 한국의 자연미술관 Best 7

아름다운 자연을 벗하고 있는 전국의 숨은 미술관들을 찾아 '빛과 바람이 스미는 한국의 자연미술관'으로 엮어 스토리텔링했어요.

매일을 치열하게 살아가는 우리에겐 여전히 휴식이 필요해요. 기왕이면 고즈넉한 자연에 몸을 기대고 아름다운 예술품으로 마음을 충전할 수 있는 힐링의 미술관 여행은 어떨까요? 복잡한 도심을 벗어나 숲으로 간 미술관을 찾아 여행을 떠나고 싶어지는 계절. 일상에 작은 쉼표 하나 찍어줄 전국의 숨은 보석 같은 자연미술관을 소개합니다.

그림, 건축이 되다:
🎵 양주시립 장욱진 미술관, 경기도 양주

화가 장욱진의 업적과 삶을 기리기 위해 2014년 양주시 장흥면 계명산 자락에 지어진 그림 같은 미술관이에요. 경사진 언덕 위에 지어진 건물은 보는 각도에 따라 완전히 다른 모습을 연출해요. 매듭처럼 묶여있는 직사각형의 공간들이 사방으로 뻗어 나온 것 같기도 하고 꼬리를 치켜든 네 발 달린 동물의 모습 같기도 하죠. 부부 건축가 최성희와 로랑 페레이라가 이끄는 '최-페레이라 건축'이 장욱진의 호랑이 그림 <호작도>와 집 그림들에서 모티브를 얻어 설계했어요. 그러니까 화가의 그림이 건축으로 표현된 또 하나의 작품인 셈이죠. 2014년 제22회 김수근건축상과 한국건축가협회상인 '올해의 건축 베스트 7'을 수상했고, 영국 BBC 선정 '세계 8대 새로운 미술관'에 소개되는 등 신생 미술관으로 국내외에서 많은 주목을 받았어요.

미술관은 지하 1층, 지상2층 규모인데요. 군더더기 하나 없이 깔끔한 흰색 벽과 천장, 높은 층고, 자연채광을 최대한 받아들이기 위한 큰 창,

반듯하지 않고 조금씩 삐져나간 기다란 방모양의 전시실 등이 인상적이에요. 이곳에 영구 소장된 두 점의 벽화 <동물가족>과 <식탁>은 장욱진이 덕소 화실 내벽에 그렸던 것으로, 벽을 통째로 떼어내 유족이 미술관에 영구 기증한 거예요.

　1층 미술관에는 다양한 굿즈를 판매하는 아트숍과 바깥 풍경을 조망할 수 있는 카페가 있어요. 이곳에서 즐기는 맛난 커피와 디저트가 방문객들의 눈과 입을 즐겁게 해준답니다.

양주시립 장욱진 미술관 전경

양주시립 장욱진 미술관

도심 속 문화 오아시스: 성곡미술관, 서울

경희궁길 한적한 골목길에 자리한 성곡미술관은 서울 한복판에서 미술 감상과 더불어 자연 속 휴식이 가능한 도심 속 오아시스 같은 곳이에요. 미술관 이름은 쌍용그룹 창업자인 고(故) 김성곤 선생의 호를 딴 것으로 현재의 미술관 자리도 본디 그가 거주하던 자택 자리에 새로 만들었어요. 미술관은 지하 1층, 지상 3층 규모의 비슷하게 생긴 건물 두 채가 나란히 마주보고 있는 구조에요. 전시장 외에도 자료실, 세미나실 등의 시설을 두루 갖추고 있죠.

특히 계절마다 옷을 갈아입는 아름다운 풍광이 일품인 조각공원은 국내에서 보기 드문 도심 속 조각공원이에요. 미술관 건물 뒤쪽으로 난 산책로를 걷다 보면 자연스럽게 아르망, 프랑코 오리고니, 구본주, 이재효와 같은 국내외 유명 작가들의 조각들을 만날 수 있어요. 또한 산책로 초입에서 만나게 되는 아늑하고 여유로운 미술관 카페 역시 숨겨진 명소로 이곳을 찾은 관람객들에게 인기 만점이죠.

대중을 위한 열린 문화교육 공간의 역할을 최우선 과제로 삼고 있는 성곡미술관은 청년 작가들의 새로운 시도와 중견 작가들의 지속적인 활동을 지원하는 후원자 역할에도 힘쓰고 있어요. 그리고 관객과의 원활한 소통을 위해 직장인을 위한 점심시간 프로그램 개설, 문화모임 공간 제공, 저녁시간 전시장 개방 등 대중과 호흡하기 위한 여러 가지 시도를 선구적으로 해오고 있어요.

성곡미술관 전시장 건물

성곡미술관 조각공원

예술과 자연, 건축의 완벽한 조화:
뮤지엄 산, 강원도 원주

　2013년 5월에 개관한 뮤지엄 산은 일본 출신의 세계적인 건축가 안도 타다오가 설계한 자연 속 미술관이에요. 미술관은 산책로를 따라 웰컴센터와 본관, 그리고 세 개의 가든으로 구성되어 있어요. 매표소와 안내소 역할을 하는 웰컴센터를 지나면 80만 주의 패랭이꽃이 만발한 '플라워가든'이 펼쳐지고 그 아래 자작나무 숲길을 지나면 '워터가든', 그리고 그 뒤로 '스톤가든'이 있어요. 스톤가든에는 안도 타다오가 신라고분에서 영감을 얻었다는 아홉 개의 작은 돌산인 스톤마운드가 있어 관람객들의 인기를 독차지하고 있죠.

　미술관 본관에서는 종이의 역사를 한눈에 볼 수 있는 종이 박물관과 판화 공방 그리고 국내외 근현대 미술가들의 작품을 전시하는 청조갤러리를 만날 수 있어요.

　스톤가든이 끝나는 지점에 있는 제임스터렐관은 라이트아트의 세계적인 거장인 제임스 터렐의 작품을 모아 보여주는 곳이에요. 천장에 뚫린 공간을 통해 보는 하늘의 모습이나 일출이나 일몰 때 변화하는 자연의 모습이 장관을 연출해요. 스카이 스페이스, 호라이즌, 간츠펠트, 웨지워크 등 그의 대표작을 한 자리에서 만날 수 있는 세계 최초의 특별관으로 뮤지엄 산의 하이라이트 같은 곳이죠. 2018년 개관 5주년을 기념해 명상관이 개관한 데 이어, 2023년에는 두 번째 명상 공간 '빛의 공간'이 문을 여는 등 안도 타다오의 새로운 건축이 계속 추가되며 변화를 거듭하고 있답니다.

뮤지엄 산 워터가든

뮤지엄 산 플라워가든

뮤지엄 산 스톤가든

물, 바람, 돌. 미술관이 되다: 수. 풍. 석(水.風.石) 뮤지엄, 제주

생태 휴양형 고급 주거 단지 '비오토피아' 내부에 있는 자연 속 박물관이에요. 22만 평 대지 위에 들어선 비오토피아에는 제주 오름의 곡선과 지형을 거스르지 않는 빌라와 타운하우스, 거대한 생태공원과 미술관이 조화롭게 어우러져 있어요. 흙, 돌, 나무 등을 이용한 무겁고 원시적인 건축을 추구하며 평생 건축의 본질을 고민했던 재일교포 건축가 이타미 준이 설계했어요.

수 뮤지엄은 외관부터 독특해요. 입방체의 건물 안에 네모난 인공 연못이 있고, 지붕은 타원형으로 뚫려있어 하늘의 모습이 물에 그대로 비치는 공간이에요. 시간의 변화에 따라 시시각각 변하는 하늘의 모습을 가만히 바라만 보고 있어도 마음이 맑아지는 느낌이 들죠.

풍 뮤지엄은 제주의 바람 소리를 들으며 휴식과 명상을 할 수 있는 공간이에요. 좁은 나무판을 일정한 간격을 두고 이어 붙여 그 사이로 바람이 통하게 해 놓은 구조라서 내부를 걷다 보면 제주 바람을 온몸으로 체험하게 돼요.

석 뮤지엄은 비오토피아 내 박물관 중에서 자연과 건축이 가장 극적으로 연출된 장소예요. 이곳의 전시품은 제주의 돌과 창을 통해 들어오는 따사로운 햇빛, 그 하나예요. 석 뮤지엄 바로 아래에 있는 '두손 뮤지엄'은 2층 규모의 전시장인데 이름 그대로 두 손을 모아 멀리 산방산을 향해 기도하는 모습으로 지어졌어요.

비오토피아 입주민을 위한 뮤지엄이라서 초기에는 일반인 출입이 엄격히 제한되었지만, 지금은 평일 2회 일반인 관람을 허용하고 있어요. 단 인터넷으로만 예약해야 해요.

수풍석 뮤지엄 수 뮤지엄

그림을 닮은 미술관: 전혁림 미술관, 경상남도 통영

　미륵산 자락 봉평동의 한적한 주택가 골목에 3층짜리 이국적인 건물이 하나 있어요. 화가 전혁림이 1975년부터 30여 년간 살았던 집을 허물고 그 자리에 신축한 미술관으로 2003년 5월에 문을 열었어요. 통영 출신의 전혁림은 한번도 정규 미술 교육을 받아본 적이 없이 혼자서 그림을 배웠어요. 한국 전통색인 오방색을 이용한 강렬한 색채와 비정형의 독특한 추상화로 독자적인 예술세계를 구축해 '색채의 마술사', '한국의 피카소'라 불리며 작가로서의 명성을 얻었죠.

　미술관 건물은 외관에서부터 강렬한 인상을 줘요. 깔끔한 흰 바탕에 튀지 않는 다양한 색과 문양들이 서로 조화를 이루는 타일로 장식돼 있어요. 그 때문에 건물 자체가 마치 거대한 조형 예술 작품 같아요. 전혁림 화백과 아들 전영근 작가의 작품에서 각각 다섯 점을 뽑아서 만든 것으로 총 7,500여 장의 세라믹 타일을 조합해 완성했어요. 3층 전면은 정말 한 폭의 그림 같은데, 전혁림 화백이 1992년 그린 <창>을 타일 조합으로 재구성했어요. 세로 3미터, 가로 10미터에 달하는 대형 타일 벽화로 이 건물의 상징과도 같죠.

1층은 전혁림의 대형 유화 작품들을 소개하는 전시장이고, 2층은 작품과 화가와 관련된 자료들을 함께 전시하는 아카이브 공간이에요. 3층 전시실은 현재 전혁림 미술관 관장을 맡고 있는 전영근 작가의 작품들을 전시하고 있어요.

전혁림 미술관 외관(위)과 1층 전시장 모습(아래)

뮤제오그래피의 실현: 이응노 미술관, 대전

'문자추상'이라는 독창적인 예술세계를 구측한 추상미술의 거장 고암 이응노 선생을 기리기 위해 2007년 대전시가 설립한 미술관이에요. 대전시립미술관, 대전예술의전당, 대전엑스포시민광장 등이 들어선 둔산대공원 안에 위치해 있고, 뒤로는 국내 최대의 도심 속 수목원인 한밭수목원까지 있어 한마디로 문화예술의 거대한 숲속에 터를 잡았다고 할 수 있어요.

대전시립미술관 곁에 나란히 자리한 이응노 미술관은 아담하면서도 소박한 2층 건물이에요. 백색 시멘트와 검은색의 유리로 마감한 미술관 건물은 깔끔하고 세련된 인상을 풍기죠. 흑백의 대비가 묘하게 어우러진 절제된 이 건물은 프랑스 출신의 건축가 로랑 보두앵이 고암의 대표작 중 하나인 <수(壽)>에서 영감을 얻어 설계한 것이에요. 실제로 하늘에서 내려다본 미술관의 모양도 '壽'자를 닮았어요.

화가가 종이 위에 붓으로 캘리그래피Calligraphy를 했다면 건축가는 대지 위에 뮤제오그래피Museography를 실현한 것이죠. 뮤제오그래피는 건물 내·외부를 작품과 조화를 이루도록 해 미술관 전체가 하나의 작품이 되도록 하는 것을 말해요. 그래서 이응노 미술관은 국내 최초로 뮤제오그래피를 실현한 모델로 꼽혀요. 이곳의 소장품은 고암의 미망인이자 이응노 미술관의 명예 관장을 맡고 있는 박인경 여사가 기증한 3천6백여 점에 이르는 고암의 유작들로 이루어져 있어요.

고암 미술관 전경

무등산 자락의 그림 같은 집:
의재 미술관, 전라남도 광주

광주 무등산 자락에는 노출 콘크리트와 목재, 유리로 마감한 현대적이고도 세련된 건물 한 채가 조용히 자리를 틀고 있어요. 바로 한국 수묵화의 거장 의재 허백련(1891~1997년) 선생을 기리기 위해 2001년 설립된 의재 미술관이에요. 의재 선생은 우리나라 남종화의 대가로 시, 서, 화(詩書畵) 삼절을 통해 남종화의 한국적 전형을 이루었다고 평가받는 인물이죠.

'도시건축' 대표 조성룡과 한국예술종합학교의 김종규 교수가 공동 설계한 미술관 건물은 의재 선생의 작품과 무등산의 조화를 잘 담아냈다는 평가를 받으며 2001년 '한국건축문화대상'을 수상했어요.

미술관은 의재 선생의 각 시기 대표작과 미공개작 60여 점을 비롯해 선생이 남긴 편지와 사진 등의 유품을 전시하고 있어요. 1층의 매표소를 겸한 아트숍에서는 의재 선생 작품을 응용한 다양한 아트 상품들을 판매하고요. 미술관 앞쪽에는 의재 선생이 40년간 기거하며 화실로 사용한 작은 집인 '춘설헌'과 그가 묻힌 묘소가 위치해 있죠. 의재 선생의 숨결과 흔적을 간직한 춘설헌은 1986년 광주광역시 기념물 제5호로 지정된 이 지역의 소중한 문화유적이기도 해요. 미술관 뒤에는 생전의 의재 선생이 애정을 쏟아 가꾸었던 5만 평이 넘는 광대한 녹차밭 '춘설다원'이 있어요.

의재 미술관 전경

초등학생의 진로와 직업 탐색을 위한 잡프러포즈 시리즈 41

뮤지엄스토리텔러는 어때?

2024년 6월 17일 | 초판 1쇄

지은이 | 이은화
펴낸이 | 유윤선
펴낸곳 | 토크쇼

편집인 | 박성은
표지 디자인 | 이희우
본문 디자인 | 책읽는소리
마케팅 | 김민영

출판등록 2016년 7월 21일 제2019-000113호
주소 | 서울시 마포구 월드컵북로98, 2층 202호
전화 | 070-4200-0327
팩스 | 070-7966-9327
전자우편 | myys327@gmail.com
ISBN | 979-11-92842-82-0(73190)
정가 | 13,000원

이 책의 저작권은 저자와 출판사에 있습니다.
서면에 의한 저자와 출판사의 허락 없이 책의 전부 또는 일부 내용을 사용할 수 없습니다.